Kirstin Jebautzke

54 schnelle Deutsch-Spiele für den Anfangsunterricht

Inhalt

1 Buchstabenball
2 Alle Gänse fliegen hoch
3 Weckerspiel
4 Buchstabenkönig
5 Kalter Kaffee
6 Flaschendrehen
7 Stille Post
8 Buchstabensalat
9 Buchstaben sammeln
10 Einbrecherspiel
11 Alles aufs Tablett!
12 Buchstabentanz
13 Buchstabendieb
14 Rückendiktat
15 Buchstabenbingo
16 Raketenspiel
17 1,2,3-Spiel
18 Aus 2 macht 1
19 Partnerwahl
20 Kuddelmuddel
21 Kauderwelsch
22 Verwandlung
23 Silben klatschen
24 Silbenverlängerung
25 Silbenfußball
26 Silbenrufer
27 Wörterschlange
28 Ich packe meinen Koffer
29 Tante Käte
30 Ich bin ein Pferd
31 Wörter raten
32 Reimwörterschlange
33 Familie Meier
34 Daumenspiel
35 Immer länger
36 Paarbildung
37 Aber ich!
38 Minutenkönig
39 Verbotenes Wort
40 Was bin ich?
41 Heißer Stuhl
42 Wasserschlacht
43 Familientreffen
44 Verben würfeln
45 Namensfindung
46 Wortwechsel
47 Wörtermischmasch
48 Schreibakrobat
49 Fratzenmemo
50 Feuer, Wasser, Luft, Erde
51 Magnetspiel
52 Kommando Pimperle
53 Hüpfspiel
54 Ich sehe was, was du nicht siehst

Aufgrund der besseren Lesbarkeit steht in den Spielbeschreibungen nur Lehrer und Schüler, selbstverständlich sind auch alle Lehrerinnen und Schülerinnen angesprochen.

Buchstabenball

1

- Anlaute hören
- Fangen/Bewegung/Motorik

Material:
Schaumstoffball

Die Kinder stehen im Kreis. Ein Kind nennt einen Buchstaben und wirft den Ball einem beliebigen Kind zu. Der Ball wird gefangen und ein Wort genannt, das mit diesem Buchstaben beginnt. Das Spiel kann beliebig lange fortgesetzt werden.

Hinweis: Das Spiel kann in Gruppen oder mit der ganzen Klasse gespielt werden.

Spielvariante: Für Fortgeschrittene eignet sich das Spiel, wenn zwei Buchstaben genannt werden, die beide in dem Wort vorkommen müssen. Dabei kann es sich um denselben Buchstaben handeln (z. B. zweimal A = **A**nf**a**ng, B**a**n**a**ne …) oder um zwei verschiedene (z. B. D und O = **do**ch, **D**in**o**, **od**er …).

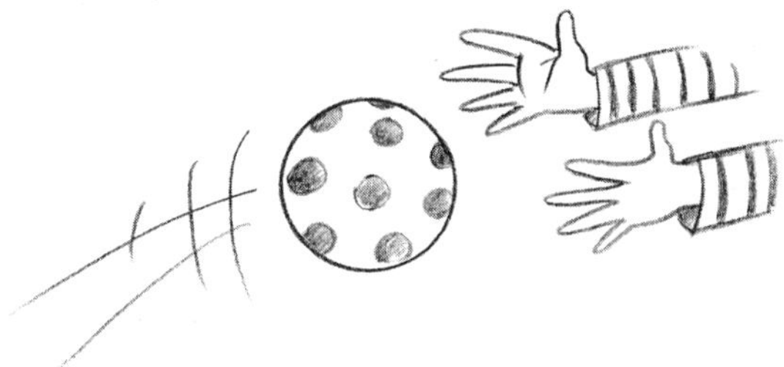

Alle Gänse fliegen hoch

2

- Konzentration
- Bewegung
- Anlaute hören

Material:
Tafel oder Karten mit einzelnen Buchstaben

Das Spiel wird nach den bekannten Spielregeln von „Alle Vögel fliegen hoch“ gespielt. Hier muss allerdings der Anfangsbuchstabe der genannten Wörter, die „hochfliegen“ sollen, mit dem Buchstaben übereinstimmen, der vorher (z. B. als Buchstabe der Woche) an die Tafel geschrieben oder mittels einer Buchstabenkarte hochgehalten wurde.
Der Spielleiter (anfangs die Lehrkraft) schreibt also zunächst einen Buchstaben an die Tafel oder hält eine Buchstabenkarte hoch. Dann nennt er verschiedene Wörter. Die Arme der Kinder dürfen nur „hochfliegen“, wenn der erste Buchstabe des genannten Wortes mit dem angezeigten Buchstaben übereinstimmt.

Beispiel: **G**

Alle **G**änse fliegen hoch.	(Arme fliegen hoch.)
Alle **G**abeln fliegen hoch.	(Arme fliegen hoch.)
Alle **K**äfer fliegen hoch.	(Arme bleiben unten.)

Weckerspiel

3

- Anlaute hören
- Bewegung

Material:
„Liegeflächen“ für die Kinder

Wenn möglich liegen die Kinder gemütlich auf einem Teppich oder auf Matten. Sie „schlafen“, werden aber von einem „Wecker“ zwischenzeitlich immer wieder geweckt. Beim „Wecker“ handelt es sich um einen vorher verabredeten Buchstaben, z. B. den Buchstaben des Tages oder der Woche. Diesen gilt es als Anlaut im Wort zu hören.

Die Lehrkraft nennt verschiedene Wörter. Sobald der „Wecker“ zu hören ist, also das genannte Wort mit dem vereinbarten Anfangsbuchstaben beginnt, müssen die Schüler aufstehen, bis zu einem vorher vereinbarten Zielpunkt laufen und sich dann wieder hinlegen.

Buchstabenkönig

4

- Konzentration
- Anlaute hören
- Wortschatzarbeit

Material: –

Die Kinder stellen sich in zwei Reihen links und rechts vom Spielleiter auf. Anfangs übernimmt diese Rolle die Lehrkraft. Wenn das Spiel dann hinreichend bekannt ist, kann auch ein Kind Spielleiter sein.

Der Spielleiter nennt einen Buchstaben. Jeweils das erste Kind in jeder Reihe versucht, möglichst schnell ein Wort zu nennen, das mit diesem Buchstaben beginnt. Wem dies zuerst gelingt, stellt sich wieder hinten in die Reihe. Das andere Kind muss sich hinsetzen. Am Ende ist das Kind, das übrig bleibt, der Buchstabenkönig.

Kalter Kaffee

5

- Konzentration
- Anlaute hören
- Wortschatzarbeit

Material: –

Ein Kind bestimmt willkürlich einen Buchstaben. Wenn Buchstabenkarten vorhanden sind, kann auch eine Karte gezogen werden, um den Zufallsaspekt zu stärken. Mit diesem Buchstaben werden jetzt Wörter gesucht, idealerweise als Wortkombination von Adjektiv und Nomen oder Nomen bzw. Namen und Verb. Im Anfangsunterricht wird dies im Beispiel deutlich gemacht, der Verweis auf die Fachwörter entfällt.

Beispiel: **K** **k**alter **K**affee, **k**luge **K**inder, **k**urze **K**leider, **k**omische **K**oalas …
Kira **k**ocht, **K**laus **k**aut, **K**itty **k**egelt …

Hinweis: Dieses Spiel kann auch nach dem Prinzip der Reimwörterschlange (Nr. 32) als ein Wettbewerbsspiel gespielt werden.

Flaschendrehen

6

- Anlaute hören
- Festigung der Buchstaben

Material:
eine Flasche

Alle Kinder sitzen oder knien im Kreis auf dem Boden. Ein Kind beginnt und nennt einen Buchstaben. Es wartet einen kurzen Augenblick, bevor es die Flasche dreht. Damit haben alle die Möglichkeit, sich ein Wort zu überlegen, das mit diesem Buchstaben beginnt. Das Kind, auf welches der Flaschenhals zeigt, nennt ein Wort mit dem angekündigten Anfangsbuchstaben.

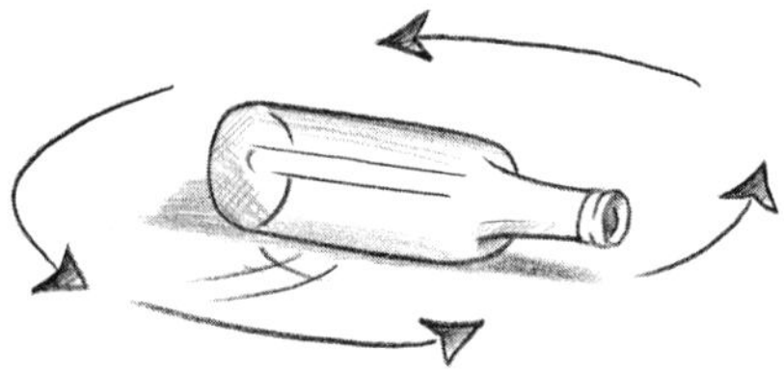

Hat es das richtige Ergebnis genannt, sagt es selbst einen neuen Buchstaben und dreht die Flasche. War das Wort falsch, gibt das Kind ein Pfand ab. Am Ende bestimmen die Kinder gemeinsam, was ein Schüler tun muss, um sein Pfand zurückzubekommen (z. B. drei Kniebeugen).

Spielvariante: Das Spiel wird schwerer, wenn nicht nur ein Wort genannt werden muss, sondern z. B. drei oder fünf Wörter. Es kann auch eine thematische Vorgabe gegeben werden, z. B. „Alles was du magst“ mit **E**, oder es müssen Sätze gebildet werden, deren Wörter alle mit einem bestimmten Buchstaben beginnen, z. B. mit **A**: **A**nna **a**ngelt **a**m **A**bend **A**ale.

Stille Post

7

- Konzentration
- Merkfähigkeit
- Festigung der Buchstaben

Material: –

Die Kinder sitzen oder stehen im Stuhlkreis. Ein Kind flüstert dem Kind links neben ihm drei bis fünf Buchstaben ins Ohr. Dieses Kind muss das Gehörte an das Kind links neben ihm weiterflüstern. Welche Buchstaben kommen am Ende beim letzten Kind an?

Hinweis: Natürlich kann dieses Spiel auch auf Wort- oder Satzebene gespielt werden.

Spielvariante: Das Spiel eignet sich auch als Wettbewerb, wenn zwei Stuhlkreisgruppen gegeneinander spielen. Die beiden Kinder, die in jeder Gruppe das Flüstern starten, erhalten vom Spielleiter die Vorgabe, welche Buchstaben (welches Wort / welche Wörter oder welcher Satz) weitergeflüstert werden sollen. Welcher Gruppe gelingt es schneller, die Buchstaben richtig durch den Kreis zu schicken?

Buchstabensalat

8

- Bewegung
- Festigung der Buchstaben

Material: –

Die Kinder sitzen im Stuhlkreis, der Spielleiter steht in der Mitte. Gemeinsam verabredet die Gruppe fünf Buchstaben, die für die Spielrunde genutzt werden sollen.
Anschließend flüstert der Spielleiter jedem Kind einen der fünf Buchstaben zu, wobei mindestens drei Kinder denselben Buchstaben gesagt bekommen müssen. Sie dürfen allerdings nicht nebeneinandersitzen.
Bei Spielbeginn sagt der Spielleiter einen der Buchstaben laut. Nun müssen die Kinder, denen dieser Buchstabe zugeflüstert wurde, ihren Platz wechseln. Sobald sie dies tun, versucht der Spielleiter, sich auf einen der dadurch frei werdenden Stühle zu setzen. Gelingt ihm dies, ist das Kind, das keinen Stuhl mehr hat, der neue Spielleiter. Gelingt es ihm nicht, nennt er einen anderen Buchstaben, der zur Auswahl steht. Er kann auch „Buchstabensalat“ sagen. Dann müssen alle Kinder den Platz wechseln, wobei sich allerdings niemand auf den Stuhl des Nachbarn setzen darf.

Buchstaben sammeln

9

- Konzentration
- Bewegung
- Festigung der Buchstaben

Material:
Musik
ggf. Buchstabenkarten (jeweils zu einem Buchstaben 2–5 Karten)

Die Lehrkraft flüstert jedem Kind einen Buchstaben zu. Alternativ kann jedes Kind auch eine Buchstabenkarte erhalten. Die Kinder bewegen sich zur Musik frei im Raum. Stoppt die Musik, versuchen die Kinder, sich in Gruppen zu finden, indem sie entweder

- durch das Aussprechen des Buchstabens ihre Gruppenmitglieder finden
- oder durch das Lesen der Buchstabenkarten ihre Gruppenmitglieder ermitteln.

Welche Gruppe ist zuerst vollständig?

Einbrecherspiel

10

- Konzentration
- Wahrnehmung
- Festigung der Buchstaben

Material: –

Ein Buchstabe wird als Einbrecher bestimmt. Die Kinder müssen erkennen, wie oft der Buchstabe in dem Wort vorkommt, z. B. das **E/e** in **Ele**fant.
Anfangs bestimmt die Lehrkraft den Einbrecher und benennt die Wörter, bei denen ein „Einbruch" verübt wurde. Ist das Spiel bekannt, können auch verschiedene Schüler die Spielleiterrolle übernehmen.

Weiterführung: Alternativ kann auch nach einem Einbrecher gefahndet werden. Dann wird vom Spielleiter nur der Einbrecher benannt und ggf. noch die Anzahl, die am „Einbruch" beteiligt war, z. B.: „Es gibt zwei Einbrecher. Beide heißen E/e." Mögliche „Fahndungserfolge" können mit diesen Wörtern erzielt werden: Ente, Esel, Elefant, lesen …

Alles aufs Tablett!

11

- Konzentration
- Wahrnehmung
- Festigung der Buchstaben

Material:
Tablett, Buchstabenkarten, Tuch

Bei diesem Spiel handelt es sich um ein klassisches Kim-Spiel:
Die Kinder sitzen im Stuhlkreis. Der Spielleiter legt mehrere Buchstabenkarten auf ein Tablett in der Mitte des Kreises. Dabei benennt er gemeinsam mit den Kindern die Buchstaben. Nachdem sich die Kinder das Tablettarrangement ein bis zwei Minuten in Ruhe angesehen und sich die Buchstaben eingeprägt haben, wird das Tuch über das Tablett gelegt. Wer kann sich an alle Buchstaben erinnern und sie benennen?

Weiterführung: Es ist auch möglich, dass die Kinder die Buchstaben auf Zettel schreiben bzw. einen Zettel als „Tablett" nutzen und das Buchstabenarrangement so aufschreiben, wie sie es auf dem Tablett gesehen haben.

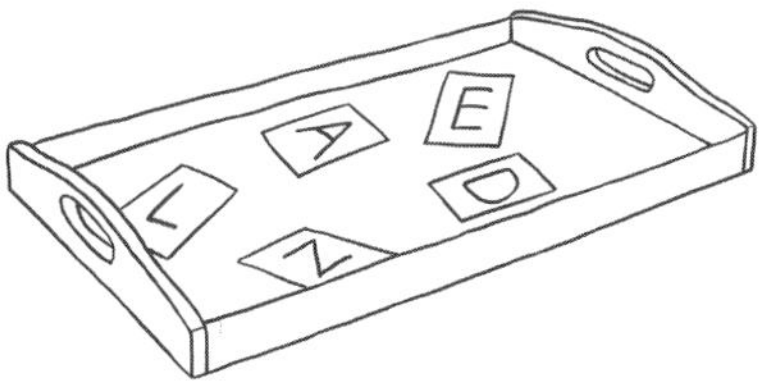

Das Spiel lässt sich auch mit Gegenständen spielen, z. B. Tieren aus Plastik oder unterschiedlich farbigen Bauklötzen.

Spielvariante: siehe Buchstabendieb (Nr. 13)

Buchstabentanz

12

- Bewegung
- Konzentration
- Festigung der Buchstaben

Material:
Tafel

Die Lehrkraft schreibt das ABC an die Tafel bzw. die Buchstaben, die bereits eingeführt wurden. Unter jeden Buchstaben fügt sie eines der folgenden Symbole:

○ = ein Bein hochheben
□ = einen Arm hochheben
X = in die Hocke gehen

Nach einem Probedurchlauf nennt die Lehrkraft in zunehmend schneller Reihenfolge verschiedene Buchstaben und die Kinder führen die passende Bewegung dazu aus. Später können Kinder die Rolle des Spielleiters übernehmen.

Buchstabendieb

13

- Konzentration
- Merkfähigkeit
- Festigung der Buchstaben

Material:
Tafel

Die Lehrkraft schreibt mehrere Buchstaben an die Tafel. Es bietet sich an, diese an eine Tafelhälfte zu schreiben, die zugeklappt werden kann.
Die Schüler prägen sich die Buchstaben ein, ggf. können die Buchstaben zunächst alle benannt werden.
Anschließend wird die Tafel halb zugeklappt oder die Schüler schließen kurz die Augen. Die Lehrkraft wischt ein oder zwei Buchstaben weg und klappt die Tafel wieder auf bzw. die Kinder öffnen die Augen. Welches Kind kann die Buchstaben benennen, die fehlen?

Tipp: Es bietet sich an, dass mehrere Kinder ihre Lösung nennen, um jede Spielrunde etwas mehr „auszukosten“.

Rückendiktat

14

- Wahrnehmung
- Konzentration
- Buchstaben festigen

Material: –

Zwei Kinder stehen voreinander, beide sehen in die gleiche Richtung. Das Kind, das den Rücken des Vordermanns sieht, nutzt diesen als „Tafel“ und schreibt groß einen Buchstaben darauf. Das „Tafel“-Kind muss den Buchstaben erraten. Nach drei Durchgängen drehen sich die Kinder um und wechseln die Rollen.

Weiterführung: Es können auch Wörter auf diese Weise buchstabiert werden. Erkennt das „Tafel“-Kind bereits vorzeitig das Wort, ist es seine Aufgabe, die fehlenden Buchstaben zu benennen, die noch nicht auf seinen Rücken geschrieben wurden.

Spielvariante: Es können auch „Schlangen“ gebildet werden. Dann verläuft das Spiel ähnlich wie bei „Stille Post“, d. h., der erspürte Buchstabe wird nicht sofort benannt, sondern beim Vordermann auf den Rücken geschrieben und erst vom Kind gesagt, das den Schlangenkopf bildet.

Buchstabenbingo

15

- Konzentration
- Festigung der Buchstaben

Material:
Zettel, Stift

Jedes Kind schreibt fünf Buchstaben nach freier Wahl auf.
Der Spielleiter (anfangs die Lehrkraft, später wird diese Rolle von einem Kind übernommen) nennt langsam und deutlich einzelne Buchstaben.
Wurde dieser Buchstabe aufgeschrieben, darf das betreffende Kind den Buchstaben auf seinem Zettel wegstreichen. Wer zuerst alle fünf Buchstaben auf seinem Zettel streichen kann, ist Bingomeister und darf die nächste Spielrunde leiten.

Tipp: Es hat sich als hilfreich erwiesen, wenn der Spielleiter vor Spielbeginn mindestens zehn Buchstaben notiert oder zehn Buchstabenkarten zum „Vorlesen" auswählt. Damit wird die Kontrolle einfacher.

Spielvariante: Das Spiel kann auch auf einem Bingofeld mit 3×3 oder 4×4 Kästchen gespielt werden. Bingomeister ist dann derjenige, der zuerst drei bzw. vier Buchstaben in einer waagerechten oder senkrechten Reihe durchstreichen konnte.

Raketenspiel

16

- Festigung der Buchstaben
- Richtig schreiben

Material:
Tafel

Ursprünglich ist dieses Spiel auch unter dem Namen „Galgenmännchen" bekannt. Es lässt sich aber auch genauso gut als Raketenspiel darstellen (siehe Skizze).
Der Spielleiter überlegt sich ein Wort, das im Anfangsunterricht möglichst lautgetreu, aber durchaus lang sein darf, z. B. SANDALEN oder MELONENKERN. Entsprechend der Anzahl der Buchstaben werden Striche an die Tafel geschrieben. Die Kinder raten, welche Buchstaben im Wort vorkommen. Wird ein passender Buchstabe genannt, wird dieser an der richtigen Stelle auf einem der Striche notiert. Kommt der Buchstabe nicht im Wort vor, wird ein Strich für die Rakete gezeichnet. Schafft es der Spielleiter, mit seiner Rakete abzuheben?

Weiterführung: Rechtschreibsichere Kinder können das Spiel selbstständig leiten. Es bietet sich an, dass das Wort vorher an der Rückseite der Tafel notiert wird, um keine Unsicherheit im Spielverlauf entstehen zu lassen.

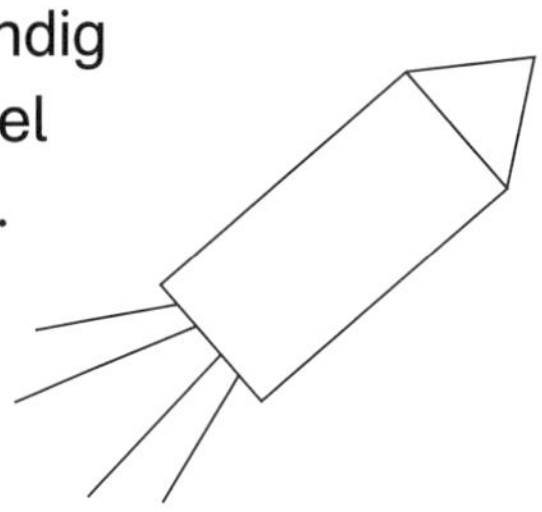

1, 2, 3-Spiel

17

- Konzentration
- Bewegung
- Festigung der Buchstaben
- Wortschatzarbeit

Material:
Tafel, evtl. Buchstabenkarten

Die Lehrkraft schreibt mit einem großen Abstand die Zahlen 1, 2 und 3 an die Tafel. Zu jeder Zahl wird ein Buchstabe geschrieben oder eine Buchstabenkarte geheftet.
Drei bis vier Kinder stellen sich in ca. zwei Meter Abstand mit Blickrichtung zur Tafel nebeneinander auf. Die Lehrkraft benennt einen Buchstaben oder ein Wort, das mit diesem Buchstaben beginnt, und sagt sofort im Anschluss „1, 2, 3."
Nachdem die Zahl 3 genannt wurde (nicht vorher!) gehen die Kinder zu dem Buchstaben, von dem sie denken, dass er die Lösung darstellt. Dabei ist durchaus erwünscht, dass alle Kinder zur selben Lösung gehen.
Pro Spielgruppe werden zwischen drei und fünf Buchstaben/Wörter genannt.
Die Buchstaben müssen zwischenzeitlich nicht gewechselt werden.

Spielvariante: Als besondere Schwierigkeit kann auch ein Buchstabe bzw. ein Wort mit einem Anfangsbuchstaben genannt werden, der nicht an der Tafel steht.

Weiterführung: Dieses Spiel eignet sich auch, wenn die Kinder die Anzahl der Silben in einem Wort angeben sollen.

Aus 2 macht 1

18

- Wortschatzübung
- Festigung der Buchstaben

Material:
Tafel

Zwei Wörter mit der gleichen Buchstabenanzahl werden senkrecht nebeneinander an die Tafel geschrieben. Mit den beiden Buchstaben, die nebeneinanderstehen, muss ein neues Wort gebildet werden, wobei die Buchstaben nur in der vorgegebenen Reihenfolge im neuen Wort vorkommen müssen.

Beispiel:	**N**	**W**	**N**ebel**w**and, A**n**t**w**ort, …
	A	**U**	**Au**to, J**a**n**u**ar, d**a**r**u**m, …
	S	**R**	**S**omme**r**, **s**ta**r**k, Glä**s**e**r**, …
	E	**M**	**em**pört, R**e**genschir**m**, w**em**, …

Weiterführung: Wenn die Klasse schreibsicher ist, kann diese Aufgabe auch in Einzelarbeit durchgeführt werden. Wer findet für jede Paarung die meisten Wörter?

Partnerwahl

19

- ▶ Zuhören
- ▶ Festigen der Buchstaben

Material: –

Die Kinder bewegen sich zur Musik frei im Raum. Immer wenn die Musik stoppt, erhalten sie einen Hörauftrag und müssen sich entsprechend mit einem Partner zusammenfinden. Höraufträge können z. B. sein:

- Anfangsbuchstabe des Vornamens ist gleich.
- Anzahl der Buchstaben im Vornamen ist gleich.
- Vorname enthält einen bestimmten Buchstaben (muss benannt werden).
- Vorname enthält einen bestimmten Buchstaben NICHT.

Die Höraufträge können zur Auflockerung auch ohne Bezug zu Buchstaben formuliert werden, z. B.:

- gleiche Haar- oder Augenfarbe
- gleichfarbige Hose/Schuhe/Schultasche
- gleiche Anzahl von Geschwistern
- gleiches Hobby
- gleiches Lieblingsfach
- …

Kuddelmuddel

20

- ▶ Konzentration
- ▶ Buchstaben festigen
- ▶ richtig schreiben

Material: –

Die Lehrkraft nennt Buchstaben, aus denen sich ein Wort bilden lässt. Die Kinder versuchen, aus den Einzelbuchstaben ein Wort zu bilden. Dabei kann die Lehrkraft zunächst die Buchstaben in der richtigen Reihenfolge einzeln nennen, später auch durcheinander. Besonders reizvoll ist es, wenn sich verschiedene Wörter aus dem Buchstabenangebot bilden lassen, z. B. Tor – rot; Ampel – Lampe …

Weiterführung: Leistungsstarke bzw. Schüler der Klasse 2–4 können dieses Spiel auch ohne die Lehrkraft als Spielleiter durchführen.

Kauderwelsch

21

- Konzentration
- Mit Buchstaben spielen

Material: –

Bei diesem Spiel sind die Anfangsbuchstaben der beiden Nomen im Wort vertauscht worden, z. B. Treibschisch – Schreibtisch, Kriefbasten – Briefkasten …

Anfangs gibt die Lehrkraft die Wörter vor. Zunehmend können die Kinder dann selbst Kauderwelschwörter bilden und raten lassen.

Verwandlung

22

- Wahrnehmung
- Sprachspiel

Material:
Tafel

Analog zu dem Lied „Drei Chinesen mit dem Kontrabass“ werden in einem Wort die Vokale ausgetauscht. Wer versteht das Wort trotzdem?
Das Kind, das das Wort zuerst erkennt, verändert ein anderes Wort und der Rätselspaß geht von vorne los.

Beispiel: Benene
Binini
Bonono
Bununu → Banane

Dieses Spiel lässt sich auch parallel in Kleingruppen spielen.

Silben klatschen

23

- Konzentration
- Silben

Material: –

Die Lehrkraft spricht ein Wort deutlich vor, die Kinder in der Klasse klatschen die passende Anzahl der Silben.

Im zweiten Teil des Spiels klatscht die Lehrkraft ein- bis viermal in die Hände und verschiedene Kinder nennen ein Wort, dessen Silbenanzahl dem gehörten Klatschen entspricht.

Silbenverlängerung

24

- Konzentration
- Wörter in Silben sprechen/gliedern

Material: –

Bei diesem Spiel im Stuhlkreis soll nur mit zweisilbigen Wörtern gearbeitet werden. Je nach Klassensituation können dafür von den Kindern zunächst Beispiele gesammelt werden.

Der Spielleiter beginnt das Spiel und nennt ein zweisilbiges Wort. Das Kind, das links neben ihm sitzt, muss ein neues Wort finden, das mit der zweiten Silbe des vom Spielleiter gesagten Wortes beginnt.

Hinweis: Leichter wird das Spiel, wenn immer wieder mit einem neuen Wort gestartet wird, z. B. Schule – lesen; Löwe – wenig …

Silbenfußball

25

- Festigung der Buchstaben
- Arbeit mit Silben

Material:
Tafel, Magnet oder Papierball

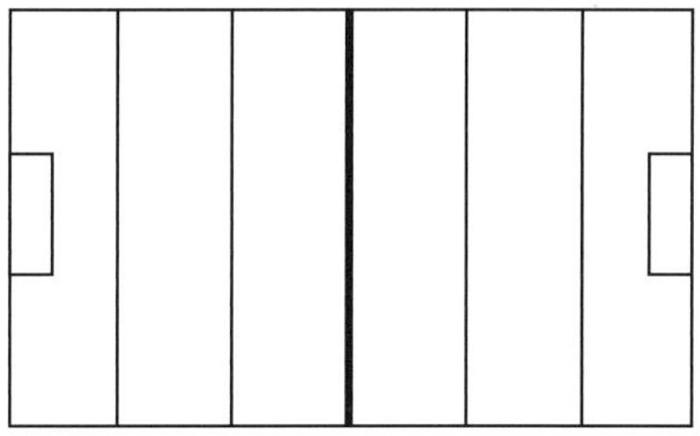

An die Tafel wird in Anlehnung an ein Fußballfeld ein Spielfeld gezeichnet. Als Ball fungiert je nach Tafel ein Magnet an der Tafel oder ein Papierball (zusammengeknülltes Papier in Ballform), der auf der Ablage für die Kreide zu Beginn des Spiels an der Mittellinie positioniert wird.

Gespielt wird mit zwei Teams von jeweils drei bis fünf Spielern. Der Münzwurf entscheidet, welche Mannschaft beginnt. Die Lehrkraft stellt die erste Frage, z. B. ein Wort mit drei Silben, ein Wort das mit der Silbe „Ja“ beginnt usw. Das Team muss sich möglichst schnell auf eine Antwort einigen. Ist sie richtig, wird der Spielball eine Linie weiter Richtung gegnerisches Tor verschoben. Ist sie falsch (oder die vereinbarte Zeit für die Antwort überschritten), wandert der Ball in die Richtung des eigenen Tores. Wer am Ende der Spielzeit (oder von zehn Fragen) die meisten Tore erzielt hat, hat gewonnen.

Silbenrufer

26

- Wahrnehmung/Hörschulung
- Silben

Material: –

Bei diesem „Ratespiel“ müssen die präsentierenden Kinder kurz mit der Lehrkraft den Klassenraum verlassen. Die Anzahl der Kinder leitet sich aus der Silbenanzahl des Wortes ab, das erkannt werden soll. Die Lehrkraft nennt diesen Kindern ein Wort. Jedes Kind übernimmt eine Silbe.

Sobald die Kinder wieder in der Klasse sind, ruft jedes Kind seine Silbe mehrfach und mit deutlicher Aussprache. Die anderen Kinder versuchen zu erraten, um welches Wort es sich handelt. Das Kind, das das Wort zuerst erkannt hat, darf die Mitrufer für das nächste Wort bestimmen.

Beispielwörter für Klasse 1:

Krokodil	Ölsardinen	Tennisspieler	Bananenschale
Roboter	Kokosnuss	Einkaufswagen	Erdbeermarmelade

…

Wörterschlange

27

▸ Wortschatzarbeit

Material: –

Die Lehrkraft gibt ein Wort vor, das sich aus zwei Nomen zusammensetzt. Die Kinder müssen dann einzeln der Reihe nach jeweils mit dem zweiten Teil des Wortes ein neues bilden, das sich wiederum aus zwei Nomen zusammensetzt, z. B.: Baumschule – Schultasche – Taschenlampe – Lampenschirm – …

Dieses Spiel lässt sich auch gut als Wettbewerb spielen: Wer kann die längste Wörterschlange bilden? Pro Wort gibt es zwei Punkte.

Spielvariante: Die Schlangenbildung kann auch mit dem letzten Buchstaben eines Wortes erfolgen. Dieser wird dann zum ersten Buchstaben des folgenden Wortes. Wichtig ist, dass bei dieser Spielvariante nicht mit Verben gespielt wird, da diese immer auf -n enden, z. B.: Tisch – Schal – Lupe – Esel – Licht – Tag – Gans – …

Ich packe meinen Koffer

28

▸ Konzentration
▸ Wortschatzarbeit

Material: –

Dieses altbekannte Spiel, bei dem sich die Anzahl der zu merkenden Wörter von einem Sprecher zum nächsten erhöht, kann auch gut auf andere Themenbereiche übertragen werden:

- Ich gehe in den Zoo und ich sehe einen Löwen …
- Wir wollen an den Strand und brauchen …
- Wir waren gestern im Wald und sahen dort …

Die Kinder sitzen evtl. im Stuhlkreis. Die Lehrkraft beginnt und nennt den ersten Begriff. Das Kind, das links neben ihr sitzt, wiederholt den Satz mit dem ersten Begriff und ergänzt um einen weiteren. Wenn ein Kind ein Wort vergisst oder die Reihenfolge vertauscht, scheidet es aus. Wer kann sich am längsten im Spiel halten?

Tante Käte

29

- Konzentration
- Bewegung
- Zuhören

Material: –

Ziel des Spiels ist es, dass ein Dialog möglichst oft wiederholt wird und alle Kinder am Ende die gleiche Bewegung ausführen. Die Kinder sitzen im Stuhlkreis. Der Spielleiter stellt den Dialog vor.

Beispiel: SL: „Hast du schon gehört?"
A: „Was?"
SL: „Tante Käte war einkaufen."
A: „Was hat sie denn gekauft?"
SL: „Einen Staubsauger."

Sobald der Spielleiter den Kaufgegenstand genannt hat, beginnt er, pantomimisch mit einem Staubsauger zu arbeiten. Schüler A wendet sich an den nebensitzenden Schüler und wiederholt denselben Dialog.

A: „Hast du schon gehört?"
B: „Was?"
A: …

Für weitere Spielrunden kann der Dialog verändert werden, z. B.: „Onkel Otto war beim Zahnarzt. Er muss öfter Zähneputzen."

Ich bin ein Pferd

30

- Bewegung
- Wortschatzarbeit

Material:
3 Stühle

Vor der Klasse oder wahlweise auch im Stuhlkreis stehen drei Stühle.
Auf dem mittleren Stuhl sitzt zu Beginn die Lehrkraft. Sie formuliert analog zum Titel des Spiels einen Satz, z. B.: „Ich bin ein Buch. Wer passt zu mir?"
Wem ein Wort einfällt, das zu dem Begriff passt, versucht, sich schnellstmöglich (ohne zu rennen!) auf einen der beiden Stühle neben die Lehrkraft zu setzen. Sind beide Stühle besetzt, nennen beide Kinder ihr Wort. Der Spieler in der Mitte entscheidet, welches Wort aus seiner Sicht besser zu ihm passt. Dieses Kind sitzt dann in der Mitte und mit seinem Wort beginnt das Spiel von vorn.

Beispiel: L: „Ich bin ein Buch. Wer passt zu mir?"
S1: „Ich bin ein Buchladen."
S2: „Ich bin ein Leser."
L: „Ich bin ein Buch. Ein Leser passt zu mir."
S2: „Ich bin ein Leser. Wer passt zu mir?"
…

Wörter raten

31

- Wortaufbau
- Wortschatzarbeit

Material:
Tafel

Die Lehrkraft schreibt ein Wort verdeckt auf – quasi als „Kontrollwort“.
Dann notiert sie den ersten Buchstaben des Wortes an der Tafel. Die Kinder versuchen, das gesuchte Wort zu erraten.
Nach ca. 20 Sekunden schreibt die Lehrkraft den zweiten Buchstaben dazu. Wieder versuchen die Kinder, das Wort zu erraten. Ebenso wird mit den Folgebuchstaben verfahren. Wann wissen die Kinder, welches das gesuchte Wort ist?

Beispiel:	Banküberfall	B	Bett, Ball, Buch, besser, Biene …
		Ba	Band, bald, baden, Bauch …
		Ban	Banane, Bande, Bandit, Bank …
		Bank	Bankschalter, Bankdirektor …
		Bankü	Banküberfall

Reimwörterschlange

32

- Reimwörter

Material: –

Die Kinder stellen sich in zwei Reihen nebeneinander auf und bilden somit zwei Schlangen. Die jeweils ersten Spieler der Mannschaften sind die Köpfe.
Die Lehrkraft ist der Spielleiter und nennt ein Wort, der jeweilige Kopf der beiden Schlangen antwortet.
Wer zuerst ein Reimwort nennt, „frisst“ den Kopf der anderen Schlange auf. Das bedeutet, dass die beiden ersten Spieler sich nun an das Ende der schnelleren Schlange stellen. Jetzt bilden die zweiten Spieler in jeder Schlange den neuen Kopf.

Das Spiel endet entweder, wenn eine Schlange komplett „gefressen“ wurde, d. h. keine Spieler mehr in der Schlange stehen, oder nach einer vorgegebenen Zeit. Sieger ist dann die Mannschaft der längeren Schlange.

Familie Meier

33

- Konzentration
- Reimwörter

Material:
Zettel mit Familiennamen (Reimwörter)

Für dieses Spiel müssen im Vorfeld Zettel mit Familiennamen vorbereitet werden, die sich reimen. Je nach Klassenstärke sollten vier bis sechs Familiennamen für einen Spieldurchgang gewählt werden, damit drei bis fünf Kinder eine Gruppe bilden können. Das Besondere an den Familiennamen ist, dass sie sehr ähnlich klingen.

Nachdem jedes Kind einen Zettel erhalten hat, gehen alle frei im Raum herum. Dabei dürfen Zettel ausgetauscht werden. Auf ein Signal hin, müssen sich die Kinder als „Familie“ zusammenfinden. Die Zettel dürfen dabei nicht mehr eingesetzt werden, sondern die Familien müssen sich durch Zurufen finden. Da es sich bei den Familiennamen um Reimwörter handelt, müssen die Kinder sehr deutlich sprechen und genau zuhören. Welche Familie findet sich zuerst?

Mögliche Familiennamen:

Meier	Hein	Klaus	Wal
Beier	Klein	Haus	Schal
Leier	Bein	Maus	Tal
Freier	Fein	Laus	Aal
Schreier	Stein	Raus	Saal
Reiher	Rein	Strauß	Kahl

Daumenspiel

34

- Konzentration
- Reimwörter

Material: –

Die Schüler sitzen auf ihren Plätzen. Das Spiel kann in einer sichtbaren Variante und in einer „Blindvariante“ gespielt werden. Bei Letzterer legen die Kinder den rechten Arm so auf den Tisch, dass sie den Kopf so darauf ablegen können, dass der Blick nach unten zur Tischplatte gerichtet ist, also nichts gesehen wird. Der linke Arm bzw. der linke Daumen dient zum Anzeigen der Antwort.

Die Lehrkraft nennt zwei Wörter. Jedes Kind muss entscheiden, ob sich die beiden reimen oder nicht. Wenn das Kind meint, dass die beiden Wörter sich reimen, hebt es einen Arm und gibt deutlich das „Daumen hoch“-Zeichen. Reimen sich die Wörter seiner Meinung nach nicht, wird das „Daumen runter“-Zeichen gezeigt.

Hinweis: Dieses Spiel kann auch mit anderen Themen als Reimwörtern gespielt werden. Wichtig ist, dass der Spielleiter Fragen stellt, die nur mit „Ja“ (Daumen hoch) oder „Nein“ (Daumen runter) zu beantworten sind.
Der Vorteil bei der offenen Spielvariante ist, dass leistungsschwächere Kinder eine „Abguckmöglichkeit“ haben, der Vorteil der „Blindvariante“ liegt darin, dass die Lehrkraft einen guten Überblick hat, wer die Aufgabe allein lösen kann.

Immer länger

35

- ▶ Konzentration
- ▶ Satzbildung

Material: –

Die Lehrkraft beginnt einen Satz, der von den Schülern sukzessive immer weiter ausgebaut wird.
Wer hat das letzte Wort?

Beispiel: Der
Der Lehrer
Der Lehrer sitzt
Der Lehrer sitzt auf
Der Lehrer sitzt auf dem
Der Lehrer sitzt auf dem Tisch
Der Lehrer sitzt auf dem Tisch und …

Paarbildung

36

- ▶ Wortschatzarbeit

Material: –

Die Kinder sollen zu einem Thema immer zwei Begriffe finden, die inhaltlich zusammenpassen und dabei in der Analogie der Vorgabe der Lehrkraft entsprechen. So sagt die Lehrkraft z. B.:
„Das Spiegelei und die Pfanne passen genauso gut zusammen wie die Kürbissuppe und der Kochtopf.“
„Dick und dünn passen genauso gut zusammen wie alt und jung, groß und klein, teuer und billig usw.“

Mögliche Themen für die Analogiebildung:

- Gegensatzpaare (z. B. dick – dünn)
- Sportler (z. B. Rennfahrer – Helm/Rennauto)
- Essen (z. B. Pizza – Käse/Salami)
- „Tierhäuser“ (z. B. Bienen – Stock)
- „Natürliches“ (z. B. Tag – Sonne)

Aber ich!

37

▸ freies Sprechen üben

Material:
Schaumstoffball

Die Kinder stellen sich im Kreis auf. Der Spielleiter macht eine Aussage über etwas, was er angeblich noch nie gemacht hat: „Ich habe noch nie verschlafen!“ Anschließend wirft er einem Kind den Ball zu. Dieses muss antworten: „Aber ich!“ Danach formuliert das Kind eine neue Aussage und wirft danach den Ball jemand anderem zu.

Hinweis: Meistens geht es bei diesem Spiel sehr schnell sehr lustig zu.
Es kann eine Zusatzaufgabe sein, dass beim Antworten nicht gelacht werden darf.

Minutenkönig

38

▸ Konzentration
▸ freies Sprechen üben

Material:
evtl. eine Papierkrone

Ein Kind wird zur Königin bzw. zum König bestimmt. Es setzt sich auf einen Stuhl vor die Klasse und erhält als Erkennungsmerkmal eine (selbst gebastelte) Papierkrone. Die Königin bzw. der König darf jetzt Wünsche äußern, die die anderen Kinder erfüllen müssen. Dabei muss es sich um Aussagen handeln, die sich im Klassenraum umsetzen lassen. Wichtig ist, dass die Königin bzw. der König keinen Wunsch doppelt äußert – das gilt auch, wenn ein anderes Kind in diese Rolle schlüpft. Die Königin bzw. der König bleibt so lange im Amt, bis ihr bzw. ihm nichts mehr einfällt oder ein Wunsch/Befehl doppelt genannt wird.

Mögliche Wünsche/Befehle:
- „Bringe mir etwas zu trinken.“
- „Ich brauche einen Schal.“
- „Ich hätte gern eine Fußmassage.“

Verbotenes Wort

39

- Konzentration
- Sprechen
- Frage-Antwort-Strukturen

Material: –

Bei diesem Spiel sind diese Wörter verboten: ja, nein, schwarz, weiß.

Ein Kind überlegt sich, welchen Herzenswunsch es hat, verrät aber nicht, worum es sich dabei handelt. Dies sollen die anderen Kinder durch Fragen herausfinden. Das antwortende Kind darf bei seinen Antworten nicht die „verbotenen" Wörter verwenden. Natürlich versuchen die anderen Kinder, ihre Fragen so zu stellen, dass die Wörter doch verwendet werden, z. B.: „Hat jemand in der Klasse das, was du dir wünschst?", „Wünschst du dir ein Pferd?"

Das Kind hat gewonnen, wenn in der vereinbarten Zeit der Gegenstand nicht erraten werden konnte und es auch kein verbotenes Wort für die Antworten genutzt hat.

Die Gruppe bzw. die Klasse hat gewonnen, wenn das Kind mit einem verbotenen Wort antwortet bzw. wenn der Wunsch erraten wurde.

Was bin ich?

40

- genaues Beschreiben
- freies Sprechen
- Fragestrukturen üben

Material: –

Jeder denkt sich einen Beruf aus (oder ein Tier, eine berühmte Persönlichkeit, ein Essen, ein Gebäude, …). Durch zehn Ja- bzw. Nein-Fragen muss die Klasse herausfinden, wer der Betreffende ist bzw. was er tut.

Spielvariante: Wenn die Kinder die Fragestrukturen verstanden haben, kann das Spiel auch so gespielt werden, dass alle Kinder in der Klasse umhergehen. Sie befragen jeweils ein Kind und versuchen herauszufinden, wer oder was es ist. Sobald das Rätsel gelöst ist, gehen sie zu einem anderen Partner.

Alternativ können auch Namen von der Lehrkraft vorbereitet und den Kindern auf den Rücken geklebt werden. Dann muss jedes Kind durch Ja- oder Nein-Fragen herausfinden, wer oder was es ist.

Heißer Stuhl

41

- genaues Beschreiben
- freies Sprechen

Material:
ein Stuhl, Tafel

Ein Stuhl steht vor der Tafel. Ein Kind meldet sich freiwillig und nimmt auf dem Stuhl Platz. Es sitzt dabei mit dem Rücken zur Tafel. Die Lehrkraft (oder später ein Kind) schreibt ein Wort an die Tafel. Dabei ist darauf zu achten, dass das Kind auf dem Stuhl diesen Begriff nicht sieht. Auch darf keiner das Wort laut vorlesen.
Bei dem Wort kann es sich um einen Namen einer berühmten Persönlichkeit handeln, um ein Tier oder einen Gegenstand.
Die Aufgabe der Kinder ist es, das Wort so zu erklären, dass das Kind auf dem Stuhl es in möglichst wenigen Versuchen erraten kann. Dabei darf das Wort selbst nicht genannt werden.

Spielvariante: Es können auch drei Kinder auf drei „heiße Stühle“ platziert werden – dann bekommt das Spiel mehr Wettbewerbscharakter.

Wasserschlacht

42

- Wortschatzarbeit
- Konzentration

Material: –

Ziel des Spiels ist es, möglichst viele Wörter zu finden, in denen das Wort „Wasser“ enthalten ist, z. B. Badewasser, Wasserhahn, Wassermelone usw. Dabei wird sowohl das Sprachbewusstsein trainiert als auch die Konzentration.

Die Kinder sitzen entweder im Kreis oder bilden eine Schlange und versuchen nacheinander, immer wieder ein neues Wort zu finden. Wird ein Wort wiederholt, muss das Kind ein Pfand abgeben oder scheidet aus.

Selbstverständlich lässt sich dieses Spiel auch mit anderen Wörtern spielen. Diese können vom Spielleiter benannt werden oder die Kinder sammeln im Vorfeld geeignete Wörter, z. B. Eis, Buch, Tisch.

Familientreffen

43

▸ Wortschatzarbeit

Material: –
evtl. Eieruhr/Stoppuhr

Zwei Gruppen treten gegeneinander an. Welche Gruppe schafft es, innerhalb von einer Minute die meisten Wörter einer Wortfamilie zu benennen? Pro richtigem Wort gibt es einen Punkt. Die Gruppen kontrollieren sich gegenseitig, die Lehrkraft unterstützt dabei als Spielleiter.

Beispiel: Wortfamilie **lauf**
Läufer, ge**lauf**en, **Lauf**spiel, ver**lauf**en, Wett**lauf** …

Wortfamilie **fahr**
Fahrschule, vor**fahr**en, **Fähr**e, **fuhr**, **Fahr**rad, **Fahr**bahn …

Weiterführung: Wenn die Schreibfertigkeit der Kinder besser ausgeprägt ist, kann diese Übung auch schriftlich in Einzel- oder Partnerarbeit durchgeführt werden. Dann sollte allerdings eine Zeitvorgabe von zwei Minuten genutzt werden. Für Wörter, die nur ein Kind aufgeschrieben hat, gibt es fünf Punkte.

Verben würfeln

44

▸ Verben konjugieren

Material:
Tafel, 2 Schaumstoffwürfel oder für jedes Schülerpaar 2 Würfel

Die Lehrkraft bereitet zwei Spalten mit jeweils sechs Wörtern vor.
In der ersten Spalte stehen neben den Würfelbildern von 1 bis 6 untereinander die Personalpronomen (ich, du, er/sie/es, wir, ihr sie). In der zweiten Spalte stehen ebenfalls die Würfelbilder von 1 bis 6 untereinander und daneben jeweils ein Verb im Infinitiv, z. B. schwimmen, singen, spielen, träumen, lachen, tanzen, schreiben.

Die Kinder würfeln mit beiden Würfeln. Der erste Würfel gibt vor, mit welchem Personalpronomen gearbeitet wird, der zweite, mit welchem Verb. Die Kinder bilden dann mit beiden Wörtern die richtige Verbform.

Hinweis: Das Spiel kann zunächst an der Tafel und mit den Schaumstoffwürfeln eingeführt werden. Anschließend können die Kinder es paarweise individuell fortsetzen. Wer möchte, kann die Konstruktion auch noch (lustig) erweitern, z. B.: „Wir tanzen (über den Schulhof/unter dem Bett/auf den Händen / …)."

Namensfindung

45

- Konzentration
- Schreibspiel

Material:
Zettel, Stift, Tafel

Dieses Spiel kann als Einzel- und als Partnerarbeit durchgeführt werden.
Es werden drei bis fünf Buchstaben ausgewählt und an die Tafel geschrieben. Zu jedem Buchstaben müssen möglichst viele Vornamen gefunden werden. Wer hat am Ende die meisten Namen aufgeschrieben?

Tipp: Für eine Punktevergabe bietet es sich an, die Namen, die nur einmalig aufgeschrieben wurden, z. B. mit 5 Punkten zu bewerten, Namen, die nur zwei Kinder aufgeschrieben haben, mit 2 Punkten. Alle anderen Namen werden mit einem Punkt bewertet. So besteht die Möglichkeit, dass nicht allein das „Schnellschreiben“ entscheidet, wer eine Spielrunde gewinnt.

Je nach Klassensituation können auch alle anderen Wörter gesammelt werden, nicht nur Namen.

Wortwechsel

46

- Schreibfertigkeit
- Lesen
- Wortschatzarbeit

Material:
Papier, Stifte

Die Lehrkraft teilt die Klasse in Gruppen von drei bis fünf Kindern ein.
Jede Gruppe erhält ein Blatt Papier. Entweder die Lehrkraft hat im Vorfeld auf jedes Blatt bereits ein Wort in Großbuchstaben geschrieben oder sie benennt eines (oder schreibt es an die Tafel). Aufgabe ist es, innerhalb eines Zeitlimits durch Verändern von maximal zwei Buchstaben in dem zuletzt genannten Wort, möglichst viele neue Wörter zu finden.

Beispiel: SCHULE
SCHALE
SCHABEN
...

HABEN
HEBEN
LEBEN
...

Wörtermischmasch

47

- Schreibfertigkeit
- Wortschatzarbeit

Material:
DIN-A3-Papier, Stifte

Die Klasse wird in Gruppen von drei bis fünf Kindern aufgeteilt. Die Lehrkraft sollte dabei im Blick haben, dass der Buchstabenbestand, der aus den Vornamen der Kinder gebildet wird, ungefähr in allen Gruppen gleich groß ist. Jede Gruppe erhält ein DIN-A3-Blatt.

Die Kinder schreiben in Großbuchstaben ihre Namen alle auf das Papier. Auf ein Signal hin beginnt das Zeitspiel: Welche Gruppe sammelt innerhalb der vorgegebenen Zeit (drei bis fünf Minuten) die meisten Wörter, die aus den Buchstaben der Vornamen gebildet werden? Ausgeschlossen dabei sind Eigennamen.

Spielvariante: In Klasse 2–4 kann auch ein Wort mit vielen Buchstaben vorgegeben werden, aus dem dann möglichst viele andere Wörter (mit mindestens drei Buchstaben) gebildet werden sollen, z. B.: Tafeldienst.
Lösungswörter wären dann: Tafel, Dienst, Tee, lesen, ist, sind, Steine, Tal …

Schreibakrobat

48

- Konzentration
- Schreibfähigkeit üben

Material:
Tafel

Dieses Spiel eignet sich besonders, wenn die Kinder bereits eine gewisse Sicherheit im Schreiben von Buchstaben bzw. Wörtern haben.

Der Schreiakrobat steht auf einem Bein vor der Tafel. Während er versucht, einen Buchstaben (oder seinen Namen oder ein von der Lehrkraft benanntes Wort) zu schreiben, muss er gleichzeitig das andere Bein im Kreis schwingen.

Fratzenmemo

49

- Wahrnehmung
- Gedächtnisschulung
- Wortschatzarbeit

Material: –

Die Kinder stellen zunächst zur Einstimmung einzeln pantomimisch verschiedene Stimmungslagen dar – ein Kind präsentiert, die anderen raten.

Für das Spiel verlassen zwei Kinder den Raum. Sie sind die „Fratzenfinder".
Die anderen Kinder finden sich paarweise zusammen. Sie verabreden, welche Stimmungslage sie darstellen wollen und proben kurz, damit beide dazu die gleiche Fratze machen.
Anschließend verteilen sich die Kinder auf die Sitzplätze im Raum.
Die beiden Fratzenfinder kommen zurück in den Raum und versuchen jetzt durch Aufrufen, die Fratzenpaare zu finden. Sie spielen gegeneinander, d. h., zeigen die beiden aufgerufenen Kinder nicht die gleiche Fratze, ist der andere Fratzenfinder an der Reihe. Passen die Fratzen zusammen, ist der Spieler ein weiteres Mal mit dem Aufrufen an der Reihe.

Spielvariante: Anstelle von Fratzen für Stimmungslagen können die Kinder auch paarweise Verben pantomimisch darstellen (z. B. essen, trinken, singen, schreiben, lesen, schlafen, Flöte spielen …).

Feuer, Wasser, Luft, Erde

50

- Konzentration
- Wortschatz

Material:
Schaumstoffball

Die Klasse sitzt im Stuhlkreis und wirft sich den Ball zu. Ziel ist es, zu den Elementen „Wasser", „Luft" und „Erde" jeweils ein Tier zu nennen, das dort lebt. Bei „Feuer" darf kein Tier genannt werden, sondern der Fänger muss einmal kurz aufstehen.

Die Lehrkraft beginnt und wirft den Ball einem Kind zu. Dabei ruft sie eines der Elemente. Sobald das Kind den Ball gefangen hat, muss es ein passendes Tier nennen bzw. aufstehen. Gelingt ihm das, wirft es den Ball weiter und nennt dabei ein anderes Element.

Wenn dem Fänger nicht sofort ein Tiername einfällt oder er ein Tier nennt, das nicht in diesem Element lebt, muss er ein Pfand abgeben. Auch wenn er bei „Feuer" vergisst aufzustehen oder er einen Tiernamen sagt, muss er ein Pfand abgeben.

Die Gruppe verständigt sich anschließend darauf, was die einzelnen Kinder machen müssen, um die Pfandstücke zurückzuerhalten, z. B. einen Satz bilden, in dem ein vorgegebener Tiername vorkommt.

Magnetspiel

51

- Bewegen
- Zuhören

Material:
Musik, evtl. Triangel

Die Schüler bewegen sich frei in der Klasse. Wenn Musik gespielt wird, unterstützt dies meistens den Bewegungsfluss.

Der Spielleiter gibt ein Signal (z. B. durch das Anschlagen einer Triangel) und fordert dazu auf, nach etwas Bestimmtem zu greifen, z. B. einer Person, die etwas Gelbes trägt. Die Schüler dürfen jetzt nicht rennen, sondern müssen versuchen, nach der betreffenden Person zu greifen. Dabei erstarren sie aber in ihrer Bewegung. Wird anhand der Position deutlich, wer den Hörauftrag richtig umgesetzt hat?

Kommando Pimperle

52

- Konzentration
- Bewegung
- Wortschatz (Präpositionen)

Material: –

Die Schüler stehen alle neben ihrem Stuhl. Es sollte genug Platz zum Bewegen sein. In schneller Reihenfolge gibt die Lehrkraft Kommandos, z. B. „Kommando Bein auf den Stuhl", „Kommando hinter den Stuhl", „Kommando rechte Hand ans linke Ohr", „Kommando auf dem Stuhl knien" usw. Sobald aber „Kommando Pimperle" gerufen wird, müssen die Kinder im Reitersitz ganz gerade auf dem Stuhl sitzen.
Wer hier zu langsam agiert oder falsch sitzt, scheidet aus.

Sobald das Spiel ausreichend bekannt ist, kann ein Kind die Rolle des Spielleiters übernehmen. Die Kommandos können individuell verändert werden.

Hüpfspiel

53

- Bewegung
- Wiederholung des Gelernten (Buchstabenkenntnis, Arbeit mit Silben, Reimwörter, Wortschatz)

Material:
(Spring-)Seil

Ein Seil wird der Länge nach im Klassenraum ausgelegt. Je nach Länge können sich zwischen fünf und acht Kinder daneben aufstellen. Alle stehen auf derselben Seite. Die Lehrkraft formuliert eine Aussage bzw. stellt eine Frage, auf die mit „Ja" oder „Nein" zu antworten ist. Ist die Aussage richtig, hüpfen die Kinder auf die andere Seite des Seils. Stimmt das Gesagte nicht, müssen sie stehen bleiben. Es gilt also die Regel: Ja = auf die andere Seite des Seils hüpfen, Nein = stehen bleiben. Zu Beginn jeder Fragestellung müssen alle Schüler auf derselben Seite des Seils stehen.

Mögliche Aussagen:
- Diese Wörter beginnen alle mit B: Ball, bunt, biegen, Pudding, Berg. (Nein)
- Diese Wörter reimen sich: Raum, Schaum, kaum. (Ja)
- Das Wort Lebkuchenherz hat vier Silben. (Ja)
- In den Wörtern rot und Tor stecken die gleichen Buchstaben. (Ja)

Nach acht bis zehn Fragen wechselt das Team.
Die Fragen bzw. Aussagen können auch von einem Kind / einem Schülerpaar formuliert werden.

Ich sehe was, was du nicht siehst

54

- Konzentration
- Wahrnehmung
- Wortschatzarbeit

Material: –

Dieses altbekannte Spiel eignet sich gut dazu, Kinder zum genauen Hinsehen zu motivieren und ihren Wortschatz zu festigen.

Ein Kind formuliert die Suchaufgabe:
„Ich sehe was, was du nicht siehst, und das ist …"
Die herkömmliche Spielversion sieht hier die Angabe einer Farbe vor. Es kann aber auch individuell abgewandelt werden:

- „… etwas, womit ich schreiben/spielen/… kann."
- „… etwas, das ich auch zu Hause habe."
- „… etwas, das ich mir zum Geburtstag wünsche."
- …

Das Kind, das den gesuchten Gegenstand zuerst errät, stellt die nächste Rätselaufgabe.